Die Kath

Ruth Schaumann

Alpha Editions

This edition published in 2022

ISBN : 9789356788268

Design and Setting By
Alpha Editions
www.alphaedis.com
Email - info@alphaedis.com

Contents

Sonett

Es greifen rote Sträucher in die weißen
Und Au und Himmel um bewärmte Stämme;
Den Himmel wieder enge Felsenkämme
Mit scharfen Zügen in die Höhe reißen.

Und Pferdeleiber bräunen durch die Schwemme,
Sich überspülend mit erloschnem Gleißen.
Ich weiß wie ich und diese alle heißen,
Und alle Namen sind wie hohe Dämme,

Die unsre Ahnen furchtsam aufgeführt,
Um nah gelegne Ströme weit zu trennen.
Wir haben erbhaft nie daran gerührt —

Wie lange währt dies „Nur beim Namen nennen"
Wann sind die vielen Wasser reif geschürt
Sich brausend ineinander zu bekennen.

Die Arche Noah

Hoch liegt die Luke offen und beklommen
Das Grau erschöpfter Tage ihr im Rahmen
Und heilt des Vogels Weg, den er entkommen.

Die Luft ist jedem Raume am Erlahmen,
Nicht kann die überschwere Kuh gebären,
Die Speicher seufzen nachts vom Drang der Samen.

Und Holz beginnt im letzten Schacht zu gären,
Und Nässe graut herein, als wenn die Sünden
Des toten Volks in sie gesammelt wären.

Wir heben uns von den zerstreuten Bünden
Und schichten sie und spreiten sie nach Stunden
Erneut zum Schlafen über Deinen Gründen.

Du hast mein Leben auf dem Fels gefunden,
Den Gipfel, den kein Blick einst ganz erklärte,
Und Deine Reue bleibt an mich gebunden.

Viel schmerzt die Lende mich, die unbewährte;

Im Traum zeugt sie mir immer Kain zu Abel —
Und doch lockt schon der Taube Brutgefährte
Ihr zu und junges Reis aus ihrem Schnabel.

Prüfung Abrahams

Gib den erwählten Berg aus diesen Massen;
Im zweiten Tag selbst will der Pfad nicht enden
Und jeder Schritt versucht mich Dich zu lassen.

Der volle Gürtel greift in meine Lenden;
Schon fühle ich den Knaben Fragen sinnen —
Sei gnädig diese von mir abzuwenden.

Nur jene Wolke laß uns nicht gerinnen;
Wohl dürstet seine müde Haut, doch trocken
Ist alles Reisig auf den Eselinnen.

Durch keinen Stein erlaubst Du mir zu stocken,
Es geht so still einher, die Halfter schwanken,
Und durch die Zehen fällt der Staub in Flocken.

Ich möchte Dir wie sonst den Abend danken,
Nur weiß ich keines seiner Worte wieder;
Denn unter Dir die armen Sinne sanken
Wie aufgewühlter Wegsand in sich nieder.

David

Mich fremdet matt, wie Leinen mich berührt,
Das grüne, brustgekreuzt mit Lederriemen,
Daß meine Schulter jenen kleinen Striemen
Von eines Erstlings Tragung wieder spürt.

Auf eines Hügels Schwinge lag ich her
Und wurde brudergleich dem Angeschauten,
Den Wolken und der Würze blauer Rauten,
Selbst Berge überstanden mich nicht mehr.

In Allem war ich, Alles war in mir
Und lag auf sich bewegt in Deinem Schoße,
Bis unbewußt ich mich daraus verstoße
Und meine Herde weide unter Dir.

Tempelgang Mariä

Da ist die große Treppe und der Bogen
Voll Dunkelheit, darein die Leute sinken,
Von ihrer höchsten Schwelle aufgezogen.

Nein, meine Mutter, ich mag nicht mehr trinken,
Nimm Du den Reiseschlauch, ich möchte warten
Bis jene Greise in den Grund verwinken.

In Röcken, die von Gold und Steinen starrten
Sind die und doch so milde, als die Blüten
Ausruhn und offen stehn im Mittaggarten.

Und alle gehn wie Hirten, so sie hüten;
Und wieder gleichend meinem jüngsten Lamme
Nach meinem Ruf und dann der Hand Begüten.

Und wo sie einziehn, ist wohl eine Flamme;
Mit andern Augen treten sie von innen
Und schatten ab vom steingebauten Stamme.

Und blicken um ein Tierlein zu gewinnen;
Keins wird gebracht, nun wird ihr Feuer kleiner;
Und sterben. — Unter meinen Füßen rinnen
Die Stufen abwärts und nun trägt mich einer.

Der Engel Gabriel

Mir sträubten alle Federn aus den Poren
Vom Schimmern ihres Haares und dem Streifen
Geneigter Stirn, und ich vernahm das Reifen
Von meiner Gegenwart in ihren Ohren.

Und hob die Botschaft an, in unsern Worten;
Nur denkend, aber schon verstand die Leise
Im Auseinanderrinnen roter Kreise,
Vor deren Zug die meinen wie verdorrten.

In steilen Flügeln hing ich bis sie schwangen
Und ich geblendet glitt vom Sonnenstaube,
Gefolgt vom tiefen Schlummerruf der Taube,
Die sich dem reinsten Nestraum unterfangen.

St. Joseph

Und vorüber wächst der Mondenflecken,
Meine Kniee dürfen sich nicht strecken,
Denn sie würden mich dem Schlaf verschwachen,
Und noch ist in ihrer Zelle Wachen.

Und ich muß auf frischgedeckten Kissen
Wieder, mir so fremd, die Jungfrau wissen.
Hörbar wird aus tiefem Atemsammeln
Süßes, immer wiederholtes Stammeln.

Nun nichts mehr, als Duft von Simons Schafen,
Um das ferne Kind ist sie entschlafen,
Und ich darf mich bis zum Ruf der Gassen
Meines Lagers Einsamkeiten lassen.

Advent

Nach hohem Schweben ward die Kerze den Schnee am Sims gewahr
Und sprach ihn durch die Scheiben auf seine Weise warm;
Vor mein Gerät zurück fand neigend mich Dein Arm
Und ferne schwang dahin verzogene Gefahr.

Und meiner Tage viele gabst Du Dir anzusehn,
So wie Gedanken blühn bevor der Mund sie spricht;
Und Abende für mich trug sinnend Dein Gesicht
Und ließ vor schwerem Glück sie auseinandergehn.

Und alles hob heran und senkte vor mein Knien
Der einen Stunde Schoß, die mich nach Deiner Macht
In sich empfangen wird so weit wie eine Nacht,
Wo aus dem Fall der Frucht die müden Zweige ziehn.

Die Hirten auf dem Felde

Auf brach die Nacht im Himmel, wie von Früchten
Die wir in heißer Asche berstend rösten.
Als Finsternisse dann vom Quellen lösten
Hing es wie Sturz und sah uns alle flüchten.

Da ward die Glanzfaust mild, uns übereilend,
Gekehrt in Strahlen wider unser Staunen.

In ihrem Anfang aber und Posaunen
Stand eine Stimme hin, sich uns erteilend.

Und wurde tief, daß er uns leuchten solle,
In die verstummte Luft als Stern geschlagen;
Und läßt sein Licht vor uns vom Felde tragen
Auf reger Herden Hügelmeer und Wolle.

Mariä Trauer

War dieses Krüglein meiner Hand zu schwer —
So schüchtern kommt sie aus den heilgen Wochen,
Nun netzt es keines Wandrers Dürre mehr.

An meiner Vorsicht habe ich's zerbrochen;
Wie nach Erfüllung war es leere Kühle
Und hat doch süß vom letzten Trank gerochen.

Geschah dies also — wie ich mich befühle,
Daß nach dem schweren, morgenroten Wein
Kein Wasser den geneigten Rand bespüle?

Der Fluß, der Regen — sind denn die gemein?
Was weiß ich wohl davon in meinem Stalle —
Ich möchte nun nie mehr voll Wassers sein.

Herr, Vater meines Sohns, gib mir zu sterben,
Nur daß ich Dir entlang getröstet falle
Und Du zu Füßen Dir am Boden findest
Vom Dufte Deines Weins belebte Scherben.

Das Engelkonzert

Da sie im Rosenhage aus dem Kinde
Sein Lächeln frug, wie es noch nie gegeben,
Stand ein gemeines Rispengras daneben,
Das bog sich an ihr Kleid geheimem Winde.

Die Innigsten vom himmlischen Gesinde
Gelangten aus des Mittags Lichtbestreben;
Vertieften sich in ihr verklärtes Leben
Und wagten es im Spiel zum Angebinde.

Entzückte Einfalt, ehemals in Taten
Von einer armen Magd, ward hier zu Klängen
Die zart des Kindes Zehentraum umbaten.

So kam von angeschwungnen Saitensträngen
Der Engelschar Erinnern und Erraten —
Und Gottes Mutter ließ die Lider hängen.

Nach Christi Tempelweile

Nicht müde bin ich, Sohn, ich stand ganz stille;
Die Wege alle waren es, die gingen,
Die namenlos vor meiner Sorge zogen.
Nur einmal sah ich braune Vögel singen
Und einen Apfelbaum in Blüten schweigen,
Wo kleine, strohgewebte Nester hingen.

Da dachte ich, dies sollte ich Dir zeigen;
Doch Du warst fort und ich um Dich zu finden
Und ließ die Straßen durch die Augen steigen.
Ich fühlte große Leeren aus mir schwinden,
Auf jede folgten viele schmerzlich neue,
Dann glaubte ich für immer zu erblinden.

Die Stadt kam auf mich zu so ohne Reue,
Dein weißes Kleid das kam und Du darin —
Sieh mir nicht an, wie mühsam ich mich freue.
Es ist mir nur wie graues Haar gekommen,
Daß ich nun, da Dich Gott ergriffen hat,
Wohl nichts mehr als ein Nest im Frühling bin,

Das große Hände plötzlich ausgenommen.

Die Schwestern des Lazarus

Nun kann ich die verborgne Sonne hören;
Ihr Sinken rauscht noch hinter Hügeln weiter,
Nicht Tier noch Blatt wagt dies Geräusch zu stören.

Nur Du blickst laut, weil ich dem Abend heiter
Darin zum viertenmal des Bruders Schuhe
So rechtlos liegen bei der Dattelleiter.

Er aber in des Felsens kalter Ruhe
Mit Tod durchtränkt den Wohlgeruch der Öle,
Der Kräuter und die Linnen Deiner Truhe.

Als wir ihn damals trugen bis zur Höhle
Erwartet ich den Meister jede Wendung,
Und daß er uns zu halten anbeföhle.

Doch nach des Grabes zögernder Beendung
Empfing ich Freude aus dem Wuchs der Weile,
Die uns der Herr nicht kommt auf alle Sendung.

Auch dieser Tag ist fromm in karger Eile,
Und noch vor Nacht sich neue Knospen weiten,
Mich für das Kommen einer lichten Steile
Die größer als Dein Trauern zu bereiten.

Die Jünger im Garten

Zur atemlosen Einsamkeit des Hügels
Hat sich der Meister zagend aufgetrauert.
Wir wachen Ihm im Schutz des Ölbaumflügels.

Der Garten hat sich zu uns hingekauert;
Stumm lauschend wie in seinem dunkeln Grunde
Ein Vogel seine bange Brut bedauert.

Die Ferne murrt gleich einem müden Hunde
Sich in die eigne Wärme mit Behagen;
Und tief am Himmel heilt des Nachtrots Wunde.

Nun bettet Christi Mutter sich in Klagen,
Denn wieder ist Er undurchdenkbar eigen
Und was Er tut will nichts als Tod besagen.

Saht ihr sie einmal blaß die Lippen neigen
Im Anblick der verlaßnen Muttertiefe,
Die nichts ersehnt, als daß ihr Sohn im Schweigen
Noch einmal Leib und Seele in sie schliefe.

Der Grabwächter Christi

Ich schlief vom Stehn hernieder, nur gewahr
Der feuchten Erde dann mit flachem Haupte;
Als nächstes noch ein Strauch, der sich belaubte,
In meiner Stirn und herb den Nüstern war.

Geträum verschlang mich mehrmals, doch der Geist
Blieb bloß und schwimmend auf der Tiefe liegen
Und hörte Hauch vom Grab, und schwach entfliegen
Das Siegelband, bis taumelnd es verkreist.

Kühl, wie ein Talraum seine Frühe, blies
Durch Felsenfugen Staunen in den Garten
Und überschwand betäubend mein Erwarten,
Bis schwarz die offne Tür mich in sich stieß.

Apostelweg

Das Haar uns in vollbrachte Strecke steht,
Vom Sturm und Sturz der Bäume so gehalten;
Aus den Gesichtern flattern alle Falten
Und im Gewand die Leiber sind verweht.

Dazwischen ruht Dein Wort und Bildnis bloß
Greift aufgerichtet in die schwanken Seiten,
Bezwingt sie in ein heißes Vorwärtsschreiten
Und Deine Stille läßt darin nicht los.

Wenn in entrückter Stadt, wohin Du willst,
Erst unsre Glieder wieder um Dich schließen,
Von Dir wird unser Körper überfließen,
Bis Du auch dort Dir neu ein Strombett schwillst.

St. Agnes

Stumm steigt ihr Schatten vor ihr über Feld,
Streift aus der Luft verlaßne Falterkreise
Und ruht nun knieend in dem Ackergleise
Vom Blühn der wilden Blumen dicht durchstellt.

Und über ihren braunen Nacken träuft
Der Sonne Hügelabend wie ein Sinnen,

Da samtnes Bunt sich im vertieften Linnen
Aus dem Gezirp gepflückter Stengel häuft.

Blick hin! Der grünen Hecke müder Flaum
Weht auf vor eines Widderlammes Helle,
Und einsam treibt an ihres Herzens Quelle
Des langgelockten Fließes weißer Schaum.

Trennung

Mit allen Tagen nun vergeht die liebe Farbe,
Von Sonnenwegen voll in Dein Gesicht gelangt;
Auch Deine Hände sind, wie wenn der Meerstrand darbe
Und Sand durch seiner Flut Versinken sichtbar bangt.

Dir gleich sah ich allein nur einen Hirten hören,
Besorgt ob seine Schar am letzten Naß schon leckt —
Die Heide blühte wohl, stand rot in Bienenchören,
Doch Lamm an Lamm umsonst zum Quellenbett gestreckt.

Die Hänge fern der Stadt sind jetzt vom Herbst erworben,
Auch Deiner Neigung Duft ist dort vom Gras verbraucht.
Erkundend steht Dein Blick, bevor er halb erstorben
Aus leerem Feld zurück in Deinen Herzschlag taucht.

Herbst

Wie Flaum an totem Vogelleib im Sand
Bewegt mein Nahn das Haar an Deiner Schläfe,
Als ob auch Dich des Laubes Siechtum träfe
Welkt Lächeln über Deines Mundes Rand.

Sich selbst umschlingend gleiten durch den Zaun
Der Wiese silbergrau geweifte Fäden —
Du legst die Lider auf wie weiße Läden
Und läßt mich leere Sterberäume schaun.

Dachraum

Im Fenstergarten wird das Farben matt,
Beharrlich gilbt daraus nur eine Winde,
In sich gedeckt, wie er sich sternig finde,
Steht der ergraute Abend auf der Stadt.

Die eingelegten Scheiben lassen schon
Die Spiegelzüge unsres Bundes blassen;
Und aus den Giebeln stimmenmüder Gassen
Erweitert sich ein Mond wie roter Mohn.

Wir wissen nicht, was nun an uns geschieht,
Wo wir nicht lächeln können und Nichts denken
Als nur des Tones klagenloses Senken
Am Ende einem alten Pilgerlied.

Neigung

Mehr als Du meinst, daß ich vollendet sei
Wenn erst ich Dich durch meinen Tod begreife,
Will ich Dir werden, daß an meiner Reife
Dein Mund sich netze einer Furche frei.

Um diesen Willen weißt Du und die Gier,
Der nicht genügt was Du mir zugeboren,
Und siehst mich doch nicht an wie einen Toren
Und überläßt die Erde offen mir.

Gibst mir die hohe Sonnenwiese hin,
Auf daß ich teil aus ihrem Leben habe
Und, eh Du Dich versehen, Deine Labe
Vor der Erschaffung eines Abends bin.

Versenkung

Als ich mein letztes Anschaun hingeschenkt,
In feierlicher Freude wie an Erben,
Den Rüstern vor der Tür, den frühlingsherben,
Ward Nacht um sie und ich in Dich versenkt.

Kelchgleich empfingest Du und ließest mich
Bis in den tiefsten Deiner Kreise gleiten,
Daß mein Gefühl aus seinen flachen Weiten
Gesegnet in sich selbst zusammenwich.

Wie eine Abendlilie am Stiel
Sankst Du, und ich verging in langem Rollen
Beschwert, ein Tau, mit süßen Blütenpollen,
Der duftend im gebeugten Leib zerfiel.

Zuflucht

Die Seele nimm mir auf und halte bitte
Für eine kurze Weile ihr Verzagen,
Wie man mich trug in kranken Kindertagen,
Daß ich des Lagers Härten nicht so litte.

Geduldig laß mich Dir in Armen zittern,
Wie Du auch duldest Beben eines Blattes,
Dem kleinen Lamm entschuldigst sein Ermatten
Beim Schmerzen fremder Kräuter, selten bittern.

Aus Deiner Hände liebendem Befassen
Strömt Güte in mich ein von Deinem Herzen,
Und unbesorgt kannst Du gleich freien Kerzen
Mich wieder klar alleine brennen lassen.

Die Brücke

Kleid und Leib durchstreicht mir Frost,
Daß sie um mich sind wie Rinde.
Schattenblätter einer Linde
Kommen aus des Gitters Rost.

Der gefüllte Mond zerbrach
Im Gestrüpp der Uferpflanzen,
Wellen, die vor ihnen tanzen,
Salben ihn einander nach.

Wartend liegt mein weitrer Gang
Sich voll Tau und Nebelschwaden,
Mich bedacht hinweg zu baden
Als der Stelle Überschwang.

Domplatz

Obgleich schon Mittag in den Uhren der vielen Türme summt,
Bleibt dieses Morgens Knospe verhalten wie mein Herz,
Das sich nicht rühren kann und ungestillten Schmerz
Gleich einen Säugling durch ein immer altes Wort umstummt.

Du stehst mir bei, wie einst aus Joseph auch Marie,
Der nur mit fernem Blick ihr Haupt vom Strohbett trug,

Bis die gedrängte Stirn ein blauer Schweiß beschlug
Und Deines Sohnes Bild in Deine Gnade schrie.

Kein Laut und Mensch des Wegs vom Stadtdom tritt mich ein,
Die Augen sind mir fremd im Angesicht gemacht,
Behorchend, wie gebannt, den geistgelegnen Schacht
Dem aus der Wandung blickt, von Dir begehrt, ein Stein.

Ruf

Wie in ein Feld von weißen Orchideen
Steigt blank in Wolken ab des Himmels Schein;
Noch einmal wacht zu atemreichem Drehen
Das Kraut und jedes Blatt der Buchen ein.

Der Umriß meines Körpers steht vom Wege
Als schwarzes Maß dem goldnen Rainberg vor,
Und nimmt ein seitwärts schattendes Gehege
Und dunkles Abbild eines Farns empor.

Und eines Kiesels Lösung lautet zagend
Die nächste Steinwand her und vor dem Grund
Erneuter Stille öffnet sich versagend
Um Deines Namens Heiligkeit mein Mund.

Fiat

Behalte mich Dir vor, so Du begehrst
Daß einer Deines Namens wegen leide,
Demütig sich in hänfne Stricke kleide
Vor Händen, die Du auserwählt bewehrst.

Mir sind gewiß die Pfeile nicht zu scharf,
Der Lanzen keine sollte meiner schonen,
Denn jede läßt mich tiefer in Dir wohnen,
In den ich bis zur Neige gehen darf.

Wund stehst Du vor mir und ich liebe Dich,
Noch außer Dir und schon in Dich genommen —
Und Viele wird der Eingang überkommen,
Daß sie ihn selig suchen, Herr, wie ich.

Ahnung

Diese Nacht war ich nur Dank
Über allen meinen Träumen,
Als von starken Fensterbäumen
Blatt zu Blatt vorübersank.

Hörbar gaben sie sich kahl,
Hofwärts und durch Nichts belichtet,
Doch das Rauschen ging gesichtet
Hin vor Deiner Augen Tal.

Und ich spürte irgendwo
Schon den Tag beim Atemfinden,
Und ward willig zum Erblinden
Meiner Zeit bereit und froh.

Bergung

Bewege Dich und sei mir gütesacht
Nur eine weite Höhle ohne Feuchte,
Daß ich mich selbst darinnen ganz verleuchte
Vor fremden Wesen und der großen Nacht.

Ich werde dort mich wie ein armes Wild
Warm, aber stumm und hungerlos verhalten,
Nur wunde Glieder aus den Schmerzen falten,
Denn Deine Finsternis ist keusch und mild.

Der Tag krankt unter mir und nahend ist
Geruch von Nachtgetier und Lavaflüssen,
Und dennoch stirbt mir jedes Fürchtenmüssen,
Weil Du schon dunkel wachsend um mich bist.

Endung

Mir wird die Wendung meines Wegs bewußt,
Da nun mein Gang so anders in mich lautet,
Wie über Hänge, wo der Sommer krautet
Für sich und ohne zeitlichen Verlust.

Ich rege mich nur wie ein Gras sich regt,
Doch stetig ist die Gegend mehr entlegen

Und naht Dich immer faßlicher zugegen,
Daß schon die Hand sich mir zum Herzen legt;

Das atmend widergeht, als wenn es bald
Gelind die dünngewachte Wand durchtrete,
Sich innig dann in sein Verhängnis bete,
Wie eine Vogelstimme in den Wald.

Elevation

Nur eines Lächeln fehlt noch, sonst begänne
Ich schlanken Aufstieg mit geschloßnen Füßen,
Daß bald mich von des Hanges Gräsergrüßen
Der hochverklärte Stundenduft gewänne.

Und ich auf Licht in gleicher Höhe stände
Mit dem verschmiegten Nest der braunen Meise,
Daß ihres Brütens scheues Lauschen leise
In mein Gefühl durch weiche Augen fände.

Und weilte in Erhebung aller Stille;
Vernehmend durch die Bildung innrer Schleier
Den zarten Bruch der ersten Vogeleier
Bevor ich mir an Deine Brust entquille.

Frühwinter

Immer klarer lasse ich
Die Gestalt im Schneetrieb ragen
Und ein auferlöstes Tagen
Fühlt und leuchtet sie an Dich.

Durch das netzgewordne Wehn
Deiner Zeit und Deiner Himmel
Faßt sich ganz mein Wortgewimmel
In ein stummes Eingestehn.

Leise, während ich dabei
Unverschrien mit Dir alleine,
Schmilzt der schwersten Flocken eine
Sich auf meiner Lippe frei.

Füllung

Nah fühle ich, in meine Seele sinkt
Geweihte Schwere, dunkel sie erweiternd;
Still wird sie wie ein Kind, das schlaferheiternd
Die erst geballten Hände offen trinkt.

Nicht bete ich mehr, denn mein ganzes Sein
Ist nach erblaßter Scheu Dir unterlegen,
Und keine Frage duldet Dir entgegen,
Weil alles ohne Wort und Wille Dein.

Nur die vollbrachte Tiefe ruft Dich an,
Des letzten irdischen Gesichts gedenkend,
Wo eine weiße Birke niedersenkend
In offne Gräserkelche Tau verrann.

Gottesstunde

Verbrachte Stunden sammeln sich der Seele;
Etwelche jeder Art von der ich lebe,
Undringlich kommen sie, daß auch sich hebe
Die jüngste auf, gleich einer armen Schmele.

Und einzig dieser gönnst Du ein Bewegen
Vor Dir und mir durch segnendes Umschweigen,
Befiehlst dem Dunkel rings und ihrem Steigen
Ist keine Wand und keine Zeit entgegen.

Und so entgeht sie mir, wie gute Hände
Aus andrer Halt sich nehmen ohne Sträuben,
Erblüht mich ferner und ihr Samenstäuben
Beginnt auf eines Deiner Nachtgelände.

Heimgang

Nur Weißdornbuschwerk duftet meine Lider
Noch manchmal auf für ein verhaltnes Schauen;
Sonst ohne Blicke und der Steine Stauen
Gerate ich den Tannengang hernieder,

Der finster wird, wie ich voll süßem Schämen,
Denn Deine Trift und goldne Wolkenriesen

Hast Du dem Wald zuvor in mich gewiesen
Als in den Raum, da sie zu schlafen kämen.

Herbergend habe ich, nun sie sich legen,
Was ich besaß gebreitet wie auf Dielen
Gelöste Garben Strohs, daß in sie fielen
Der Schläfer großes Atmen und Bewegen.

Terrasse

Der wilde, rote Wein ward schwarz und hängt im Abend
Und Zeit der Sterne ist, die hinter Wolken stehn,
Aus Häusern kommt das Licht, in Bäumen sich erlabend,
Die dunkel eingewölbt nur noch im Innern wehn.

Bewegung träumt mein Sitz im Steinbalkon als stammten
Die Züge Dir vom Mund, der Deinen Atem wiegt,
Und wieder werde ich in allen Tiefen samten
Und wunschlos wie ein Tod, wenn er mit Lächeln liegt.

Bis in die Augen steigt mir Ruhe ohne Gleiche,
Rinnt in die kühle Nacht, noch warm von meinem Sinn.
Ernst wie dem großen Wild sein später Durst zum Teiche
Rührt Deine Zuversicht auf alle Stille hin.

Mond

Wie der Geist von Deinem Geist
Strömt der Mond in meine Züge,
Kühlt zu reinlichster Genüge
Dinge, die noch Nichts gespeist.

Laut und lauter klingt das Licht
Über finstere Platanen;
Und das sonst gedrängte Ahnen
Dehnt sich aus und ruht sich schlicht.

Alle Sterne stehn wie Wald
Blau erhöht an beiden Ufern,
Wo Getön von frommen Rufern
In der Stillung Bann verhallt.

Anhöhe

Behutsam darf ich aus dem Saum des Ranftes
Des Löwenzahnes graues Lichtrund steigern,
Was taubeschwert die Winde ihm verweigern
Erfüllen als ein unbedenkbar Sanftes.

So löst mein leise abgesetztes Blasen
Die stillen Scharen der geschirmten Samen,
Und folgsam treiben sie in Deinem Namen
Wie eine Zirruswolke in den Rasen.

Du aber schweigst dabei den Abend tiefer,
Der Du die Erde bist und bist mein Hauchen
Und meines Wesens fließend Untertauchen
Im fernen Einglühn einer schwarzen Kiefer.

Der Mönch

Wer bin ich, daß der Himmel mir sein Falben
Bis in die stillsten Farbentöne deutet
Und meiner Sinne Suchen ausgereutet
Vom Fluggetümmel abendtrunkner Schwalben.

Da Glied um Glied, das Schlummer vorgekostet,
Demütig wird im Hängen und Berühren
Des groben Hanfes in den Lendenschnüren,
Die Sonnenheimgang zärtlich überrostet.

Du läßt die Klarheit also um mich schwellen,
Daß ich im satten Bade nicht zerfalle,
Nur ausgebaut zum ruhenden Kristalle
Durchscheinend allen Ufern, allen Wellen.

Die Sternnacht

Meine Augen schlossest Du
Nur ein Blick blieb außer ihnen,
Im Gesumm der Sternenbienen
Sieht er meinen Händen zu

Wie sie schwer und ewig tun
Um ein Nachtgebet geflochten,

Also vor den Brunnen mochten
Herden einst um Jakob ruhn.

Und der Decke Leinwand liegt
Unter ihnen mir am Leben,
Liegt auch so, nur ohne Schweben,
Wenn es eingeholt versiegt.

Abend

Der Anblick schlafgedämpfter Vogelspiele
Durch knospenschwere Zweige sanfte Sicht
Auf letzte hingetriebne Wolkenkiele
Baut lautlos meinen Tag vollendungsdicht.

Ein Raum steigt er empor und ich empfinde
Ihn größer in mir als den Leib umher,
Und ist lebendig still, wie kühle Winde
In Dünen sind aus nahversenktem Meer.

Und wie ihn nun der Mond, aus fernem Tale
Durch halben Abend gleitend, ruhig schließt,
Steht er als endlich werte Kathedrale
Gewärtig, daß Du rauschend sie beziehst.

CPSIA information can be obtained
at www.ICGtesting.com
Printed in the USA
LVHW030136271222
735871LV00001B/348

9 789356 788268